마음자리 그림 마당 마그마숲

마그마란 마음자리 그림 마당의 약자로 마음의 응어리를 그림으로 용암같이 녹여내는 심리 치유의 공간이며 세상 만다라 펼침의 공간이다.

| 김영옥과 함께 하는 프로그램/수강정보

- M정신분석 실제 매달 워크샵 년간 진행
- 꿈분석가 배출
- 국민학습지 특강
- 경영지도자과정 : 지사 카페목적
- 마그마힐링&M분석 졸업전시회
- 마그마숲 책쓰기 프로젝트
- 지도자 역량강화 프로그램
- 마그마힐링 & 만다라 워크북 체험
- 전국민 나산다산다 워크숍
- 마그마힐링 지도자자격 과정: 1급~3급/전국지사
- M분석가 과정: 1단계~3단계
- M통찰분석가 과정: 1단계~3단계
- 꿈디자인학교: 청년/1학기~4학기
- 국민학습지 전국지사 연계: 서울,경기,충남,대구,울산,포항,영덕 등

| (주)김영옥심리체험박물관

전시회 | 워크샵 | 강의 | 개인분석 | 지도자 배출 | 견학 | 연수

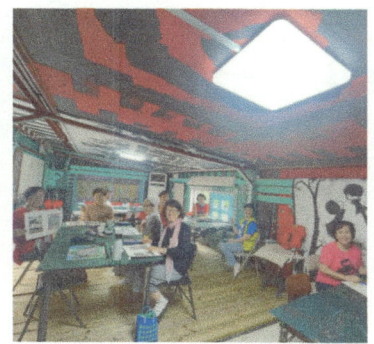

움직이는 행복

움직이는 행복 첫날

원형의 꿈 행복

움직이는 행복 둘째날

행복한 안과 밖

움직이는 행복 셋째날

내 안에 행복

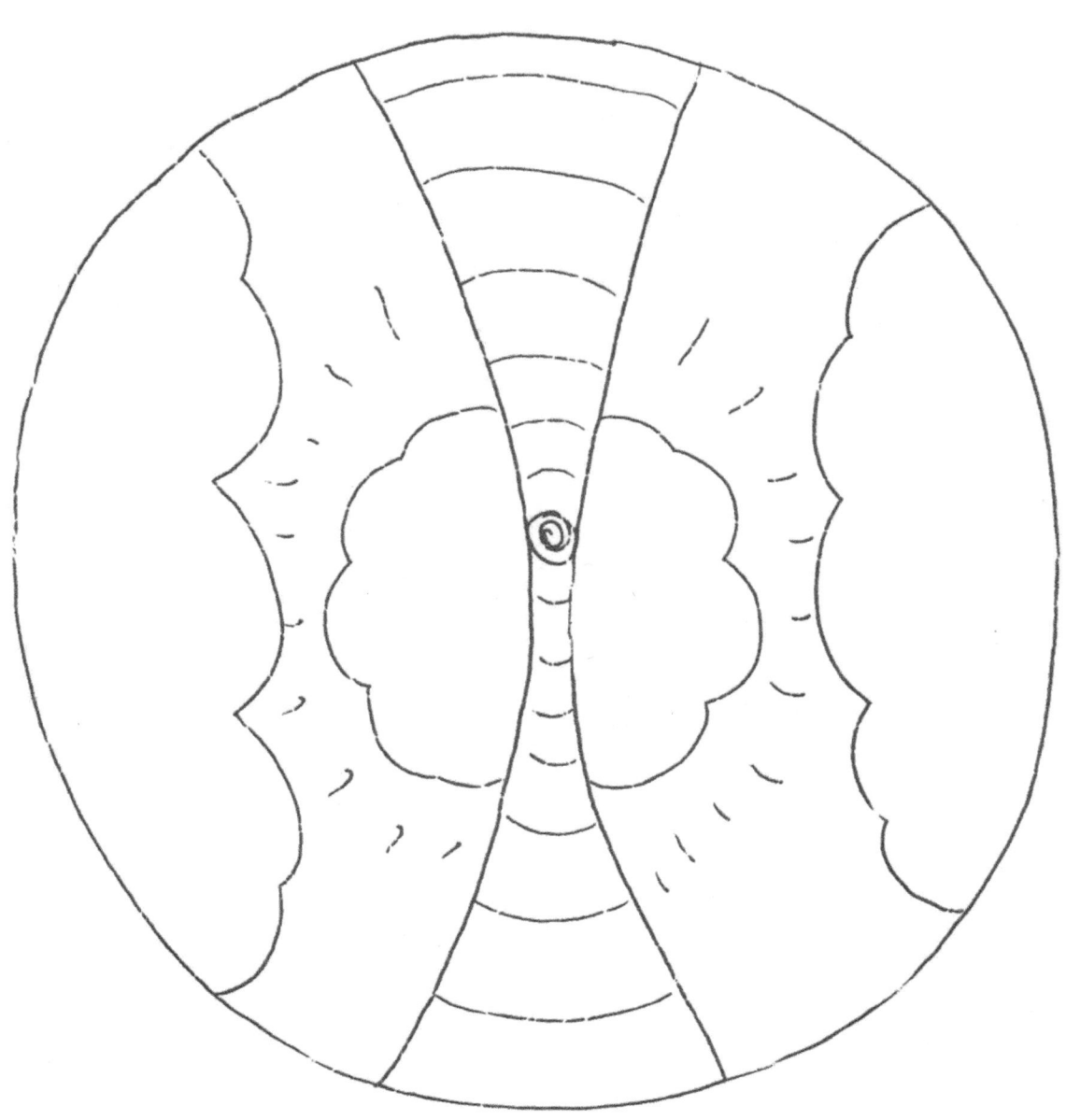

움직이는 행복 넷째날

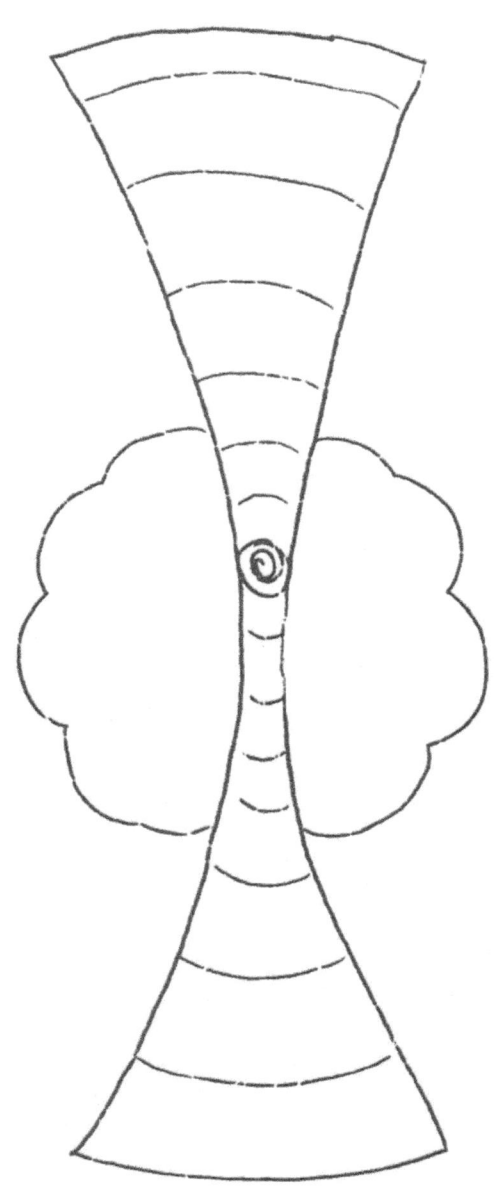

사랑스런 행복

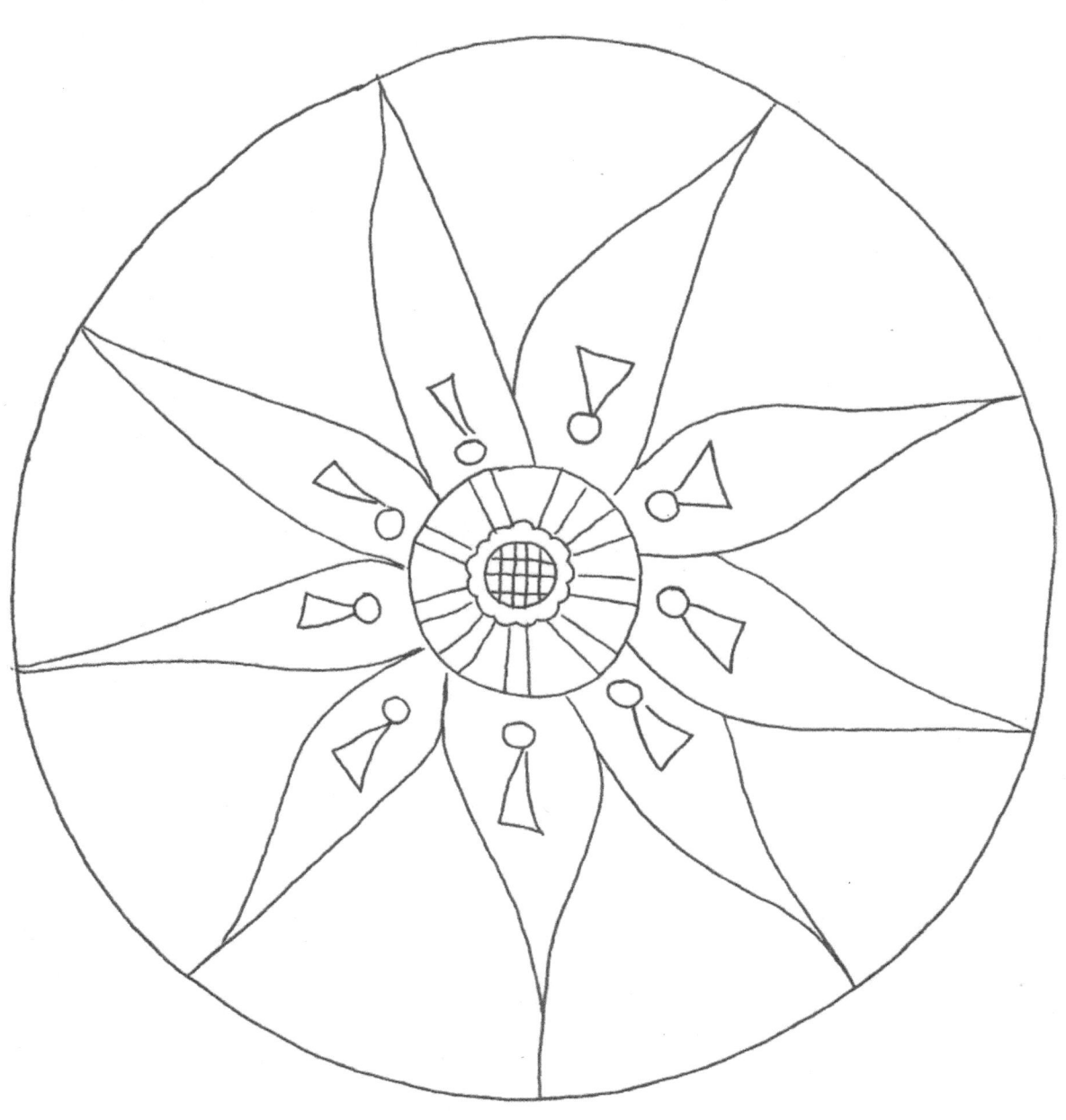

움직이는 행복 다섯째날

행복한 색칠

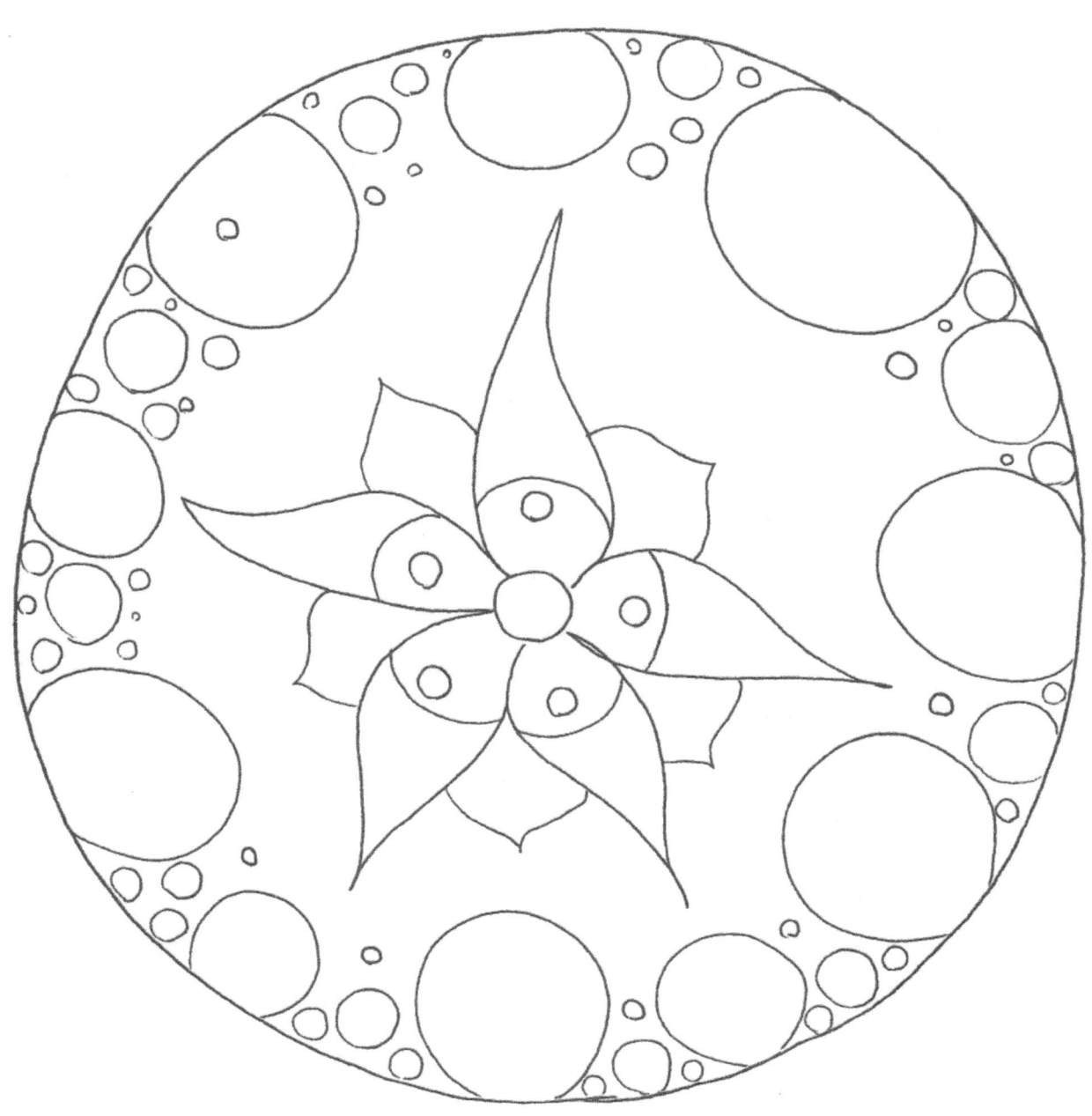

움직이는 행복 여섯째날

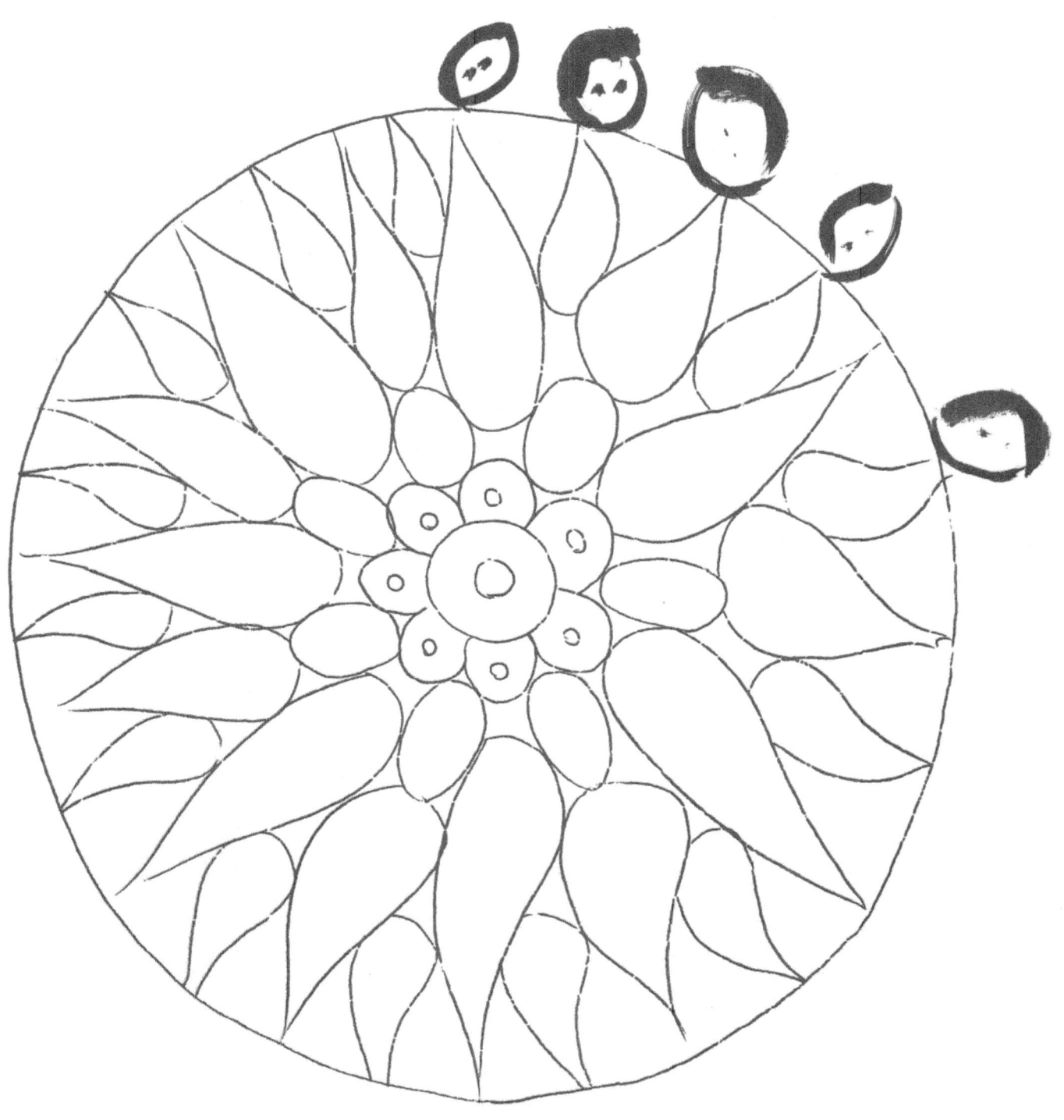

행복한 생각들

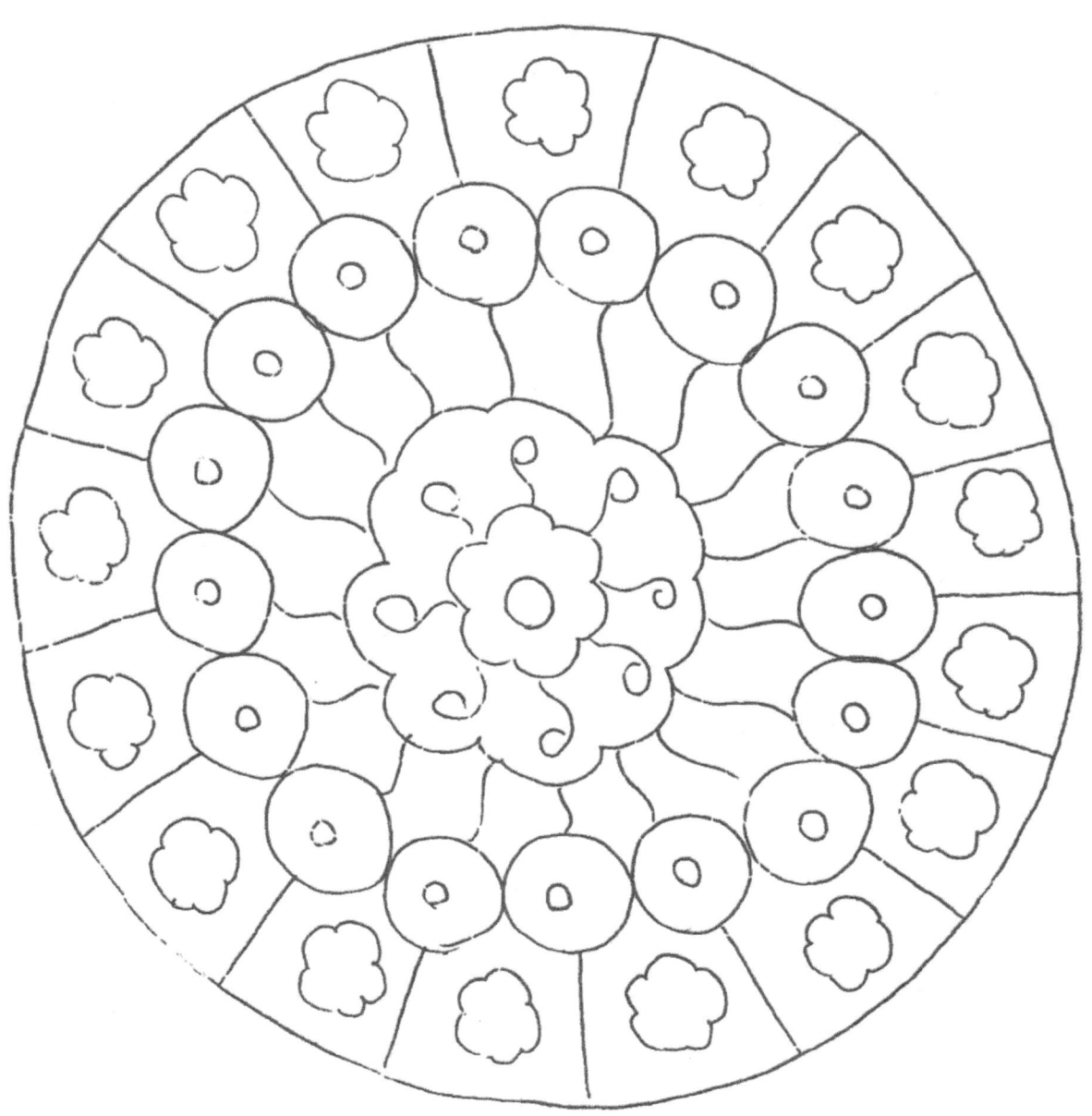

움직이는 행복 일곱째날

행복한 창조

움직이는 행복 여덟째날

힘있게

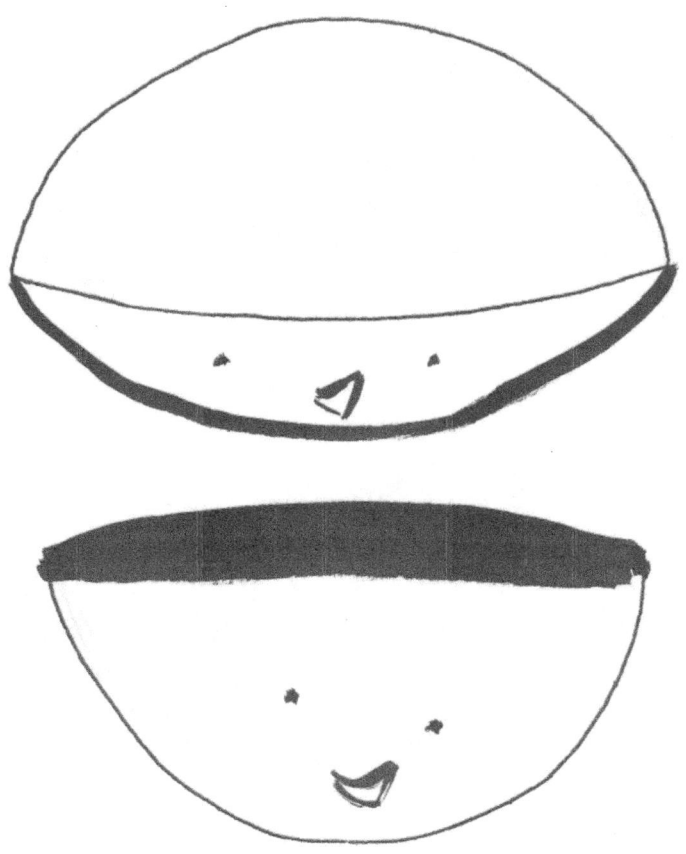

움직이는 행복 아홉째날

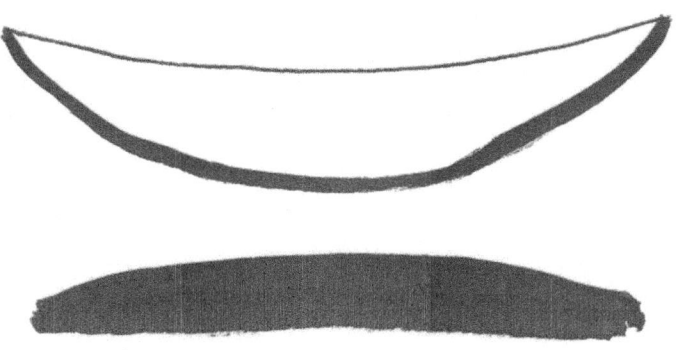

신간 워크북

| 부정세포 실제탐색 전 5권

| 가을신화 전 10권

| 인생 잘사는 길 전 5권

| 치매예방 전 5권

| 맛을 뺀 정신 전 5권

| 축제의 길 전 5권

| 왕의 길 전 5권

| 자유롭게 전 5권

| 치유의 몫 전 5권

| 가치있는 삶 전 5권

기념품 판매

민소매·티셔츠·맨투맨·몽이망토담요·후드집업·몽이가방·조끼·셔츠